Milet Publishing
Smallfields Cottage, Cox Green
Rudgwick, Horsham, West Sussex
RH12 3DE England
info@milet.com
www.milet.com
www.milet.co.uk

First English–Somali edition published by Milet Publishing in 2013

ISBN 978 1 84059 847 6

Original Turkish text written by Erdem Seçmen
Translated to English by Alvin Parmar and adapted by Milet

Illustrated by Chris Dittopoulos
Designed by Christangelos Seferiadis

Printed and bound in Turkey by Ertem Matbaası

My Bilingual Book

Touch
Taabashada

English–Somali

How do you know what's smooth or rough?

Maxaad ku kala garataa waxa siman iyo waxa kala dheer?

Your hands are your sensors, they're sensitive and tough!

Gacmahaagaa dareemahaaga ah, way adag yihiin waana xasaasi!

If you play without gloves in the snow,

Haddii aad gacmo-gashi la'aan barafka ku ciyaartid,

your hands will get cold, you know!

waad og tahay in Gacmahaagu qaboobayaan!

Teddy bear feels soft and furry.

Xoorka Teddy wuxuu ku dareensiiyaa jileec iyo dhogor.

Play-dough feels nicely squishy!

Cajiinka ciyaartuna wuxuu ku dareensiiyaa isbuunyo fiican!

Your skin is the part of you that understands

Maqaarkaagu waa qayb adiga kaa mid ah oo fahamta

how different things feel in your hands.

sida gacmahaagu u dareemaan waxyaabaha kala duwan.

The touch sense comes from nerves in your skin

Dareenka taabashadu wuxuu ka yimaadaa neerfayaal maqaarkaaga dhex m

that travel to your brain and say, message in!

oo u safra maskaxdaada oo yiraahda, farriin baa timid!

Your brain decides quickly what to do

Maskaxdaadu dhakhsay u go'aamisaa waxa la yeelayo

and nerves send the message back to you!

neerafayaashuna farriintay dib kuugu soo celiyaan!

So when you touch something sharp,

Waana sababta marka aad wax af leh taabatid,

your nerves tell you, stop!

neerfayaashu kuugu sheegaan, joogso!

Or they tell you to be gentle

Ama ay kuugu sheegaan inaad dabacsanaatid

when you touch a soft petal.

marka aad taabatid ubax jilicsan.

Touch helps you learn about nature and things.

Taabashadaa kaa caawisa barashada degaanka iyo waxyaabaha kal

It's really amazing, all the knowledge it brings!

Runtii waa wax fiican aqoonta badan ee taabashadu keento!

Your touch can also show you care,

Taabashadaadu waxay kaloo muujin kartaa heerka dareenkaaga,

like hugging someone who is dear.

sida markaad hab siineysid qof kugu qaali ah.